Pancakes

von Christine Sinnwell-Backes
Fotos von Udo Einenkel

Bassermann

Warum ich Pancakes liebe

Es gibt wohl kaum ein Gericht auf der Welt, das so einfach zuzubereiten und dabei so unglaublich vielfältig ist wie Pancakes. Mehl, Milch, Ei, etwas Backpulver, Zucker und eine Prise Salz: Schon steht das Grundgerüst für die leckeren Teigfladen.

Weltweit erfreuen sich Pancake-Varianten großer Beliebtheit. Ob in Deutschland klassisch als Pfannkuchen oder als hauchdünne Crêpes in Frankreich, ob polnische Blinis oder finnische Pannukakku – aus wenigen Zutaten werden die herrlichsten Speisen, süß oder herzhaft.

In Amerika, dem Land der unbegrenzten Möglichkeiten, hat der klassische Pancake seine Heimat gefunden und unbegrenzt sind auch die Rezeptideen. Aufgestapelt zu hohen Türmen und mit Ahornsirup übergossen auf dem Frühstückstisch, als Fingerfood auf dem Büfett oder als Mittagsmahlzeit: Pancakes gehen immer!

In diesem Buch habe ich für Sie eine Vielzahl von Pancake-Rezepten zusammengestellt. Süße Varianten ebenso wie herzhafte. Von fruchtig-frisch bis würzig-mediterran, hier finden Sie Ihre Lieblingsrezepte.

Sie experimentieren gerne in der Küche? Dann sollten Sie sich auf keinen Fall die witzigen Varianten ab Seite 58 entgehen lassen. Zaubern Sie so ein Lächeln in die Gesichter Ihrer Lieben.

Ich wünsche Ihnen viel Freude beim Ausprobieren und Nachbacken der Rezepte!

Über mich

Ich bin zweifache Mutter und lebe mit Mann und Kindern im Saarland. In meiner Freizeit backe ich gerne und teile seit Jahren nicht nur meine Rezeptideen auf dem Blog www.littleredtemptations.com mit meinen Lesern.

Inhalt

Meine Rezepte

Tipps & Tricks

Pfanne oder Crêpes-Maker?

Wichtig ist eine gute Beschichtung. Dadurch braucht man weniger Fett und die Pancakes braten gleichmäßiger durch. Bei gut beschichteten Geräten kann das Fett sogar ganz weggelassen werden. Ein Vorteil des Crêpes-Makers: Hier hat man eine große Fläche und kann mehrere Pancakes gleichzeitig backen. Für die Figuren-Pancakes eignet er sich besonders gut, weil er keine Randerhöhung hat und man so besser arbeiten kann.

Schneebesen oder Handrührgerät?

Wofür man sich entscheidet, ist eigentlich egal. Wichtig ist, dass der Teig nicht zu lange bearbeitet wird, weil er sonst zu zäh und trocken wird. Wenn ich ein Rezept habe, in dem das Eiweiß steif geschlagen werden muss, verwende ich häufiger das Handrührgerät, weil ich es dann sowieso in der Benutzung habe.

Zutaten

Viel braucht man oft nicht, um leckere Pancakes auf den Tisch zu bringen. Doch sollten Sie auf gute Produkte zurückgreifen: Bio-Eier, Vollmilch mit Vollfettstufe, hochwertige Schokolade. Sie schmecken den Unterschied!

Butter, Fette, Öle

Die meisten Pancakes brate ich in Sonnenblumenöl aus. Auch Kokosfett eignet sich gut. Butter hat hingegen einen zu niedrigen Siedepunkt und verbrennt zu schnell.

Vanillezucker selbst gemacht

Zwei ausgeschabte Vanilleschoten in 400 g Haushaltszucker stecken und ca. zwei Wochen durchziehen lassen. Alles in einem leistungsstarken Mixer fein mahlen, und fertig ist ein dunkler, sehr aromatischer Vanillezucker.

Gewürze und Aromen

Ob Sie in den Pancaketeig Vanille, Orangenschalenabrieb, Zimt oder andere Gewürze einarbeiten, hängt ganz von Ihrem Geschmack ab. Auch mit Likören und Sirupen kann man Geschmack an den Teig bringen. Wenn Sie mit verschiedenen Aromen experimentieren, können Sie die vorgestellten Rezepte einfach verändern und an Ihre Vorlieben anpassen.

Reste?

Pancake-Reste kann man gut in Frischhaltefolie einwickeln und im Kühlschrank aufbewahren. Am nächsten Tag kurz im Toaster aufbacken und sie werden schön knusprig. Am besten schmecken sie jedoch frisch. Deshalb besser den Teig bis zum nächsten Tag gekühlt aufbewahren und dann frisch zubereiten.

Süße Pancakes

Pancakes mit Ahornsirup und Butter

Für 10 Pancakes von ca. 10 cm Durchmesser

2 Eier, Größe M
200 g Mehl
1 TL Backpulver
2 EL Zucker
¼ TL Vanillepulver (gemahlene Vanille)
1 Prise Meersalz
200 ml Buttermilch
Sonnenblumenöl
Butter
Ahornsirup

Diese Pancakes lassen bei Amerika-Urlaubern vielleicht die ein oder andere Erinnerung an Breakfast-Momente wach werden. Gestapelt zu kleinen Pancaketürmen, übergossen mit süßem Ahornsirup und dazwischen frische Butter: Wer will da nicht ins Land der unbegrenzten Möglichkeiten aufbrechen?

1 Den Backofen auf 50 °C vorheizen und einen großen Teller hineinstellen. Die Eier trennen. Mehl, Backpulver, Zucker, Vanillepulver und Salz kurz mit einem Rührlöffel vermischen. Das Eigelb hinzugeben und die Buttermilch in kleinen Portionen mit dem Handrührgerät unterrühren.

2 Das Eiweiß zu festem Schnee schlagen und vorsichtig mit einem Teigschaber oder Holzrührlöffel unter den Teig heben.

3 Etwas Öl in der Pfanne erhitzen und bei mittlerer Temperatur den Teig portionsweise in die Pfanne geben. Je nach Pfannengröße können 2–4 Pancakes gleichzeitig gebacken werden. Die Pancakes wenden, wenn der Teig beginnt kleine Blasen zu schlagen, und von der anderen Seite fertig backen, bis alle Pancakes von beiden Seiten goldbraun sind. Die fertigen Pancakes im Ofen mit einem Geschirrtuch bedeckt warm halten.

4 Zum Servieren immer 3–5 Pancakes übereinanderstapeln, dabei zwischen die Pancakes je ein dünnes Stück Butter legen. Den Stapel mit Ahornsirup übergießen.

Diesen Grundteig kann man vielfältig variieren: Abgeriebene Schale einer Orange, ein Schluck Orangenlikör, ein Esslöffel Kakao, etwas mehr Vanillepulver oder auch etwas mehr Zucker lassen den Teig gleich ganz anders schmecken. Wer es weniger gehaltvoll möchte, lässt die Butter zwischen den Pancakes weg.

Apfel-Pancakes mit Zimt

Für 10 Pancakes von ca. 10 cm Durchmesser

2 Eier, Größe M
250 g Mehl
250 ml Milch
2 EL Zucker
1 Päckchen Vanillezucker
1 Prise Zimt
1 Apfel
Sonnenblumenöl
2–4 EL Zucker
1 TL Zimt

Wenn die Tage kürzer und kälter werden, lässt die Kombination von frischen Äpfeln und feinem Zimt manchen Regentropfen vergessen. Doch nicht nur im Herbst sorgt der Duft dieser Pancakes für Glücksmomente.

1 Den Backofen auf 50 °C vorheizen und einen großen Teller hineinstellen. Die Eier trennen. Mehl, Milch, Zucker, Vanillezucker, Zimt und das Eigelb mit dem Handrührgerät kurz verrühren.

2 Das Eiweiß zu festem Schnee schlagen und vorsichtig mit einem Teigschaber oder Holzrührlöffel unter den Teig heben.

3 Den Apfel schälen, entkernen und vierteln. Längs in feine Scheiben schneiden.

4 Etwas Öl in der Pfanne erhitzen und bei mittlerer Temperatur den Teig portionsweise in die Pfanne geben. Je nach Pfannengröße können 2–4 Pancakes gleichzeitig gebacken werden. Die Pancakes von einer Seite ausbacken und währenddessen auf die nach oben gewandte Seite die Apfelscheiben legen und leicht andrücken. Die Pancakes wenden, wenn der Teig beginnt kleine Blasen zu bilden, und von der anderen Seite fertig backen, bis alle Pancakes von beiden Seiten goldbraun sind.

5 Die fertigen Pancakes im Ofen mit einem Geschirrtuch bedeckt warm halten.

6 Zucker und Zimt mischen und die fertigen Pancakes damit bestreuen und warm servieren. Wer mag, reicht noch Vanilleeis dazu.

Probieren Sie aus, welche Apfelsorten Ihnen am besten schmecken. Wer es süßer mag, nimmt zwei Esslöffel Zucker mehr. Probieren Sie die Apfel-Pancakes auch einmal mit Vanille statt Zimt. Hat man eine Vanillemühle, reichen einige Umdrehungen, um dem Teig einen feinen Vanillegeschmack zu verleihen. Alternativ kann man auch einen Teelöffel Vanillearoma in den Teig einarbeiten.

Mit Schokolade gefüllte Pancakes

Für 10 Pancakes von ca. 10 cm Durchmesser

250 g Mehl
1 Prise Meersalz
1 TL Backpulver
60 g zarte Haferflocken
1 Ei, Größe M
500 ml Buttermilch
2 EL weiche Butter
2 EL brauner Zucker
2–4 EL Ahornsirup
Pflanzenöl
10 TL weiche Nussnugatcreme
Ahornsirup
gehackte Haselnüsse

Für Menschen wie mich, die Überraschungen lieben und auch gerne andere überraschen, sind diese Pancakes perfekt. Denn von außen sieht man ihnen ihr süßes Geheimnis gar nicht an.

1 Den Backofen auf 50 °C vorheizen und einen großen Teller hineinstellen. Mehl, Salz, Backpulver und Haferflocken miteinander vermischen.

2 Ei, Buttermilch, Butter, Zucker und Ahornsirup dazugeben und den Teig kurz, aber kräftig mit dem Schneebesen aufschlagen.

3 Etwas Pflanzenöl erhitzen und bei mittlerer Hitze ca. 10 cm große, flache Teigfladen in die Pfanne geben (die Pancakes gehen noch auf, deshalb nicht zu viel Teig in die Pfanne geben). In die Mitte jedes Pancakes 1 TL Nussnugatcreme setzen und ca. 1 EL Teig darübergeben. Wenn der Teig anfängt Blasen zu werfen, wenden und die zweite Seite ausbacken, bis beide Seiten goldbraun sind.

4 Die fertigen Pancakes im Ofen mit einem Geschirrtuch bedeckt warm halten. Zum Servieren einige Pancakes übereinanderstapeln und großzügig mit Ahornsirup übergießen und mit Nüssen bestreuen.

Besonders einfach kann man die Pancakes mit folgendem Trick füllen: Auf ein Backpapier Kreise mit ca. 4 cm Durchmesser aus Nussnugatcreme streichen und diese für 1–2 Stunden im Gefrierschrank fest werden lassen. Vom Backpapier abziehen, auf die Pancakes legen und wie im Rezept beschrieben mit Teig bedecken.

Statt der Schokoladenfüllung kann man auch Marmelade nehmen. Dann aber dem Teig etwas mehr Zucker zugeben. Und wer Überraschungen besonders gerne mag, variiert verschiedene Füllungen und darf gespannt sein, welcher Geschmack auf seinem Teller landet.

Gewürz-Pancakes mit Beeren

Für 10–12 Pancakes von ca. 10 cm Durchmesser oder 15–20 Pancake-Plätzchen.
Foto auf Seite 4

Für die Pancakes

2 Eier, Größe M
50 g weiche Butter
1 EL Zucker
230 ml Buttermilch
175 g Mehl
½ TL Backpulver
½ TL Zimt
1 Messerspitze Weihnachts- oder Lebkuchengewürz
½ TL Natron
½ TL Meersalz
Sonnenblumenöl
Puderzucker
evtl. große Plätzchenausstecher

Für das Beerenkompott

120 ml Apfelsaft
40 g Zucker
1 Sternanis
Abrieb ½ Bio-Zitrone
1 Zimtstange
2 TL Speisestärke
300 g TK-Him- oder Waldbeeren

Ein Hauch von weihnachtlichen Gewürzen und das Beerenkompott bilden hier eine wunderbare Ergänzung zueinander.

1 Den Backofen auf 50 °C vorheizen und einen großen Teller hineinstellen. Die Plätzchenausstecher gründlich einfetten und mit Mehl bestäuben. Eier, Butter, Zucker und Buttermilch mit dem Schneebesen verrühren.

2 In einer zweiten Schüssel Mehl, Backpulver, Zimt, Gewürz, Natron und Salz kurz mit einem Rührlöffel vermischen.

3 Die Mehlmischung mit dem Schneebesen in den flüssigen Teig einrühren. Den Teig ca. 15 Minuten quellen lassen.

4 In der Zwischenzeit die Beeren zubereiten: Apfelsaft, Zucker, Sternanis, Zitronenabrieb und die Zimtstange in einem Topf aufkochen, 2–3 Minuten leicht köcheln lassen, dann mit der Speisestärke abbinden. Dabei kräftig rühren. Sternanis und Zimtstange entfernen, die Beeren zugeben und auf mittlerer Hitze einige Minuten köcheln lassen.

5 Etwas Öl in der Pfanne erhitzen, bei mittlerer Temperatur den Teig portionsweise in die Pfanne geben und wie bei den vorherigen Rezepten beschrieben ausbacken. ODER: Die Plätzchenausstecher in die Pfanne legen und halbhoch mit Teig auffüllen (beim Backen dehnt sich der Teig aus und füllt die ganze Form). Wenn der Teig beginnt kleine Blasen zu bilden, wird die Form umgedreht und der Teig von der anderen Seite fertig gebacken, bis alle Pancakes von beiden Seiten goldbraun sind. (Wichtig: Bevor die Pancakes gewendet werden, muss der Teig von unten schon ganz fest sein, sonst läuft er aus der Form heraus.)

6 Die fertigen Pancakes aus der Form herauslösen und im Ofen mit einem Geschirrtuch bedeckt warm halten. Die Ausstecher vor der Weiterverwendung nachfetten. Die Pancakes mit Puderzucker bestäuben und mit dem warmen Kompott servieren.

Orangen-Ricotta-Pancakes

Die fein-herbe Süße von Orangen und der saftige Ricotta machen diese Pancakes zu einem wahren Geschmacksfeuerwerk. Dazu sind sie so fluffig und zart, dass sie im Mund schmelzen.

Für 15 Pancakes von ca. 10 cm Durchmesser
Foto auf Seite 23 unten

1 Bio-Orange
2 Eier, Größe M
Meersalz
2 EL weißer Zucker
1 EL brauner Zucker
1 EL Ahornsirup
100 g Mehl
2 TL Backpulver
250 g Ricotta
125 ml Vollmilch
Sonnenblumenöl
Ahornsirup oder Puderzucker

1 Den Backofen auf 50 °C vorheizen und einen großen Teller hineinstellen. Die Orangenschale abreiben und den Saft auspressen.

2 Die Eier trennen. Das Eiweiß mit dem Handrührgerät cremig aufschlagen, 1 Prise Salz und 1 EL weißen Zucker einrieseln lassen und weiterschlagen, bis ein fester Eischnee entsteht.

3 Das Eigelb mit dem restlichen weißen und dem braunen Zucker und Ahornsirup mit dem Handrührgerät cremig rühren. 1 TL Orangenabrieb und 2 EL Orangensaft dazugeben und unterrühren.

4 Mehl, Backpulver und 1 Prise Salz in einer weiteren Schüssel miteinander vermischen und unter die Eigelbmasse geben.

5 Ricotta und Milch miteinander vermischen, 1/3 des Eischnees unterheben. Zum Teig geben und zusammen mit dem übrigen Eischnee vorsichtig mit dem Rührlöffel einarbeiten.

6 Etwas Öl in der Pfanne erhitzen und den Teig bei mittlerer Temperatur portionsweise in die Pfanne geben. Die Pancakes von einer Seite ausbacken, wenden, wenn der Teig beginnt kleine Blasen zu bilden, und von der anderen Seite fertig backen, bis beide Seiten zart gebräunt sind. Die fertigen Pancakes im Ofen mit einem Geschirrtuch bedeckt warm halten. Zum Servieren mit Puderzucker bestäuben oder mit Ahornsirup übergießen.

Einen stärkeren Orangengeschmack erhält man durch Zugabe von mehr Abrieb oder mehr Saft (die Milch dann entsprechend reduzieren). Sie können auch ein bis zwei Esslöffel Orangenlikör zugeben (Milch- oder Saftmenge entsprechend verringern). Wer geschmacklich gerne experimentiert, kann auch etwas geriebenen Ingwer in den Teig einarbeiten und ihm so eine leichte Schärfe verleihen.

Pancakes mit karamellisiertem Obst

Für 10 Pancakes von ca. 10 cm Durchmesser
Auf dem Foto oben

Für die Pancakes
2 Eier, Größe M
200 g Mehl
1–2 TL Backpulver
2 EL Zucker
1 Prise Meersalz
200 ml Milch
Sonnenblumenöl

Für die Beilage
2–3 Äpfel
100 g Zucker
ca. 30 g Butter
2–3 EL Fruchtsaft

Diesen Pancakes liegt ein einfaches Rezept zugrunde. Verfeinert werden sie durch karamellisiertes Obst.

1 Den Backofen auf 50 °C vorheizen und einen großen Teller hineinstellen. Die Eier trennen.

2 Mehl, Backpulver, Zucker und Salz kurz mit einem Rührlöffel vermischen. Eigelb hinzugeben und die Milch in kleinen Portionen zufügen und mit dem Handrührgerät unterrühren.

3 Das Eiweiß zu festem Schnee schlagen. Vorsichtig mit einem Teigschaber oder Holzrührlöffel unter den Teig heben.

4 Etwas Öl in der Pfanne erhitzen und bei mittlerer Temperatur den Teig portionsweise in die Pfanne geben. Je nach Pfannengröße können 2–4 Pancakes gleichzeitig gebacken werden. Die Pancakes wenden, wenn der Teig beginnt kleine Blasen zu schlagen, und von der anderen Seite fertig backen, bis beide Seiten goldbraun sind.

5 Die fertigen Pancakes im Ofen mit einem Geschirrtuch bedeckt warm halten.

6 Die Äpfel waschen, entkernen und in schmale Spalten schneiden. Den Zucker in einem kleinen Topf oder einer kleinen Pfanne erhitzen, bis er sich verflüssigt und goldgelb wird. (Achtung! Der Zucker darf nicht zu lange und zu stark erhitzt werden, sonst wird er braun und schmeckt bitter.) Nun die Butter zufügen und unterrühren. Gleich darauf den Fruchtsaft unter Rühren hinzugeben. Der Zucker wird zunächst kurz fest, 2–3 Minuten köcheln lassen, bis die Masse wieder goldgelb und flüssig wird. Nun die Äpfel dazugeben und im Karamell wenden. Weitere 2–3 Minuten auf kleiner Flamme köcheln lassen. Dabei darauf achten, dass der Karamell nicht zu dunkel wird.

7 Die Pancakes aus dem Ofen nehmen, kleine Stapel von 3–4 Pancakes bilden, die karamellisierten Früchte auf oder neben den Pancakes anrichten und mit der restlichen Flüssigkeit übergießen.

Auch andere Früchte lassen sich gut nach diesem Rezept karamellisieren. Geeignet sind generell Früchte, die wenig Wasser enthalten, beispielsweise Pfirsiche, ich nehme gerne Bergpfirsiche, oder Bananen.

Amaretto-Pancakes mit Marzipancreme

Für 18–20 Pancakes von ca. 5 cm Durchmesser

Für die Marzipancreme
2 Blätter Gelatine
100 g Marzipanrohmasse
2 EL Puderzucker
250 g Schlagsahne
2 EL Amaretto
125 g Mascarpone
½ Päckchen Vanillezucker
1 Päckchen Sahnefest
gehackte Pistazien zur Dekoration

Für die Pancakes
100 g Mehl
50 g Weichweizengrieß
4 EL Zucker
1 Prise Salz
1 Ei, Größe M
150 ml Milch
2 EL Amaretto
Sonnenblumenöl

Zum Vernaschen sind diese kleinen Pancake-Häppchen mit ihrer süßen Füllung. Wenn man erst einmal anfängt zu naschen, fällt es schwer, wieder damit aufzuhören.

1 Für die Marzipancreme die Gelatine in kaltem Wasser einweichen. Die Marzipanmasse in feine Würfel schneiden und mit Puderzucker, 50 g Sahne, Amaretto und Mascarpone in einen hohen Messbecher geben. Mit einem Handrührgerät die Zutaten vermischen, bis eine cremige Masse entsteht. Die eingeweichte Gelatine ausdrücken und vorsichtig im warmen Wasserbad auflösen, in eine Rührschüssel füllen und löffelweise in die Creme einrühren. Zum Schluss die restliche Sahne mit Vanillezucker und Sahnefest aufschlagen und unterheben. Die Masse mindestens 2 Stunden kühl stellen.

2 Den Backofen auf 50 °C vorheizen und einen großen Teller hineinstellen. Mehl, Grieß, Zucker und Salz für die Pancakes in eine Rührschüssel geben und kurz mit dem Schneebesen verrühren. Ei, Milch und Amaretto dazugeben und alle Zutaten kurz mit dem Schneebesen verrühren, bis ein geschmeidiger Teig entsteht.

3 Etwas Öl in einer Pfanne erhitzen und bei mittlerer Temperatur die Pancakes nur von einer Seite durchbacken, dann aus der Pfanne nehmen. Die Marzipanmasse noch einmal kurz aufschlagen und kleine Häufchen auf die Pancakes geben. Diese zusammenklappen und den noch leicht feuchten Teig zusammendrücken. Alle Pancakes so backen und formen. Die Pistazien daraufstreuen und servieren.

Diese Pancakes sind ein wahrer Blickfang und lassen sich auch toll für ein Partybüfett vorbereiten. Übrig gebliebene Marzipancreme kann als Dessertcreme oder zusätzlicher Dip angeboten werden.

Geburtstags-Pancakes mit Karamellsoße

Für 10 Pancakes von ca. 10 cm Durchmesser

Für die Pancakes

120 g Mehl
1 TL Backpulver
½ TL Natron
30 g Zucker
½ Päckchen Vanillezucker (oder einige Umdrehungen mit der Vanillemühle)
1 Prise Meersalz
3 Eier, Größe M
120–150 ml Milch
2–3 EL bunte Zuckerstreusel (z.B. von Städter)
etwas Pflanzenöl

Für die Karamellsoße

30 g Butter
20 ml Ahornsirup
150 g brauner Zucker
200 ml Sahne
1 Vanilleschote

Zum Dekorieren

200 ml Sahne
Zuckerstreusel

Diese sündig-leckeren Pancakes dürfen an Geburtstagen bei uns auf gar keinen Fall fehlen. Schnell ein paar Kerzen oben drauf, und das Geburtstagskind darf kräftig pusten und sich etwas wünschen.

1 Den Backofen auf 50 °C vorheizen und einen großen Teller hineinstellen. Mehl, Backpulver, Natron, Zucker, Vanillezucker und Salz in einer Rührschüssel mit einem Handrührgerät verrühren.

2 Die Eier trennen, das Eigelb mit der Milch zu den trockenen Zutaten geben und mit dem Schneebesen kräftig verrühren.

3 Das Eiweiß schaumig schlagen, bis es zu einem festen Schnee wird. Vorsichtig mit einem Teigschaber oder Holzkochlöffel unter den Teig heben. Zuletzt die Zuckerstreusel unter den Teig heben.

4 Das Öl in der Pfanne erhitzen und bei mittlerer Temperatur den Teig portionsweise in die Pfanne geben. Je nach Pfannengröße können 2–4 Pancakes gleichzeitig gebacken werden.

5 Die Pancakes wenden, wenn der Teig beginnt kleine Blasen zu schlagen, und von der anderen Seite fertig backen, bis alle Pancakes von beiden Seiten goldbraun sind. Die fertigen Pancakes im Ofen mit einem Geschirrtuch bedeckt warm halten.

6 Für die Soße Butter, Ahornsirup, Zucker und Sahne zusammen in einen kleinen Topf geben. Die Vanilleschote längs halbieren und das Mark mit einem scharfen Messer herauskratzen. Die Schote und das Mark in den Topf geben und die Masse aufkochen lassen, bis sich Zucker und Butter vollständig aufgelöst haben.

7 Bei mittlerer Temperatur weiterköcheln lassen, bis die Soße eindickt. Sie sollte aber nicht zu fest werden, weil sie beim Abkühlen noch ein wenig mehr eindickt. Die Schote herausnehmen, die Soße kurz abkühlen lassen und einen Teil über die Pancakes gießen. Wer mag, serviert die Pancakes noch mit geschlagener Sahne und bestreut diese mit bunten Zuckerstreuseln.

Wenn Sie die Soße nach dem Abkühlen gleich in den Kühlschrank stellen, hält sie sich mehrere Tage. Sie können den Teig auch mit 20 g Kakao aromatisieren, das schmeckt prima, nur die Zuckerstreusel kommen farblich nicht mehr so gut zur Geltung.

Little Princess-Pancakes

Für 10 Pancakes von ca. 10 cm Durchmesser

Für die Pancakes
2 Eier, Größe M
250 g Mehl
½ Päckchen Backpulver
2 EL Zucker
1/4 TL Vanillepulver (gemahlene Vanille)
1 Prise Meersalz
250 ml Milch
rote Lebensmittelfarbe
etwas Sonnenblumenöl

Zum Dekorieren
125 g Marshmallowfluff (gut sortierter Supermarkt)
ca. 20 kleine Marshmallows
rosa- oder pinkfarbene Zuckerstreusel

Wünscht sich nicht jedes Mädchen manchmal, es wäre eine Prinzessin? Egal, ob 5, 15 oder 35 Jahre alt, mit diesen rosafarbenen Pancakes im angesagten Ombre-Look darf sich jedes Mädel wie Cinderella fühlen. Und mancher Prinz schaut sicherlich neidisch auf diesen süßen Traum!

1 Den Backofen auf 50 °C vorheizen und einen großen Teller hineinstellen. Die Eier trennen.

Mehl, Backpulver, Zucker, Vanillepulver und Salz mit einem Rührlöffel kurz verrühren. Eigelb unterrühren und portionsweise die Milch unterrühren, bis ein zäher Teig entsteht.

2 Das Eiweiß schaumig schlagen, bis es zu einem festen Schnee wird. Vorsichtig mit einem Teigschaber oder Holzrührlöffel unter den Teig heben.

3 Den Teig in drei Portionen aufteilen. In die erste Schüssel einige Tropfen Lebensmittelfarbe (bei Pastenfarben behutsam dosieren) geben und vorsichtig mit dem Teig vermengen. In die zweite Schüssel etwas mehr Farbe geben, damit der Teig stärker gefärbt ist, und in die dritte Schüssel noch mehr Farbe geben und vermengen.

4 Das Öl in der Pfanne erhitzen und bei mittlerer Temperatur den Teig portionsweise in die Pfanne geben. Die Pancakes von einer Seite ausbacken, wenden, wenn der Teig beginnt kleine Blasen zu bilden, und von der anderen Seite fertig backen, bis alle Pancakes von beiden Seiten zart gebräunt sind. Die fertigen Pancakes im Ofen mit einem Geschirrtuch bedeckt warm halten.

5 Das Marshmallowfluff mit 1–2 EL Wasser in der Mikrowelle auf mittlerer Temperatur kurz erhitzen, bis die Masse flüssiger wird.

6 Die Pancakes so stapeln, dass ein Farbverlauf von hell nach dunkel entsteht. Den Pancaketurm mit Marshmallowfluff begießen und mit Marshmallows und Zuckerstreuseln bestreuen.

Ob Frisuren, Torten oder Pancakes: Spricht man vom Ombre-Look, meint man damit immer einen Farbverlauf, der von hell nach dunkel schattiert ist.

Chocolate-Pancakes

Für 12 Pancakes von ca. 10 cm Durchmesser

Für die Pancakes
150 g Mehl
20 g Kakaopulver zum Backen
1 TL Backpulver
½ TL Natron
1 Prise Meersalz
1 Ei, Größe M
250 ml Milch
125 g griechischer Joghurt (10 % Fett)
2 EL weiche Butter
2 EL Ahornsirup
Sonnenblumenöl

Zum Bestreichen
Nussnugatcreme
Puderzucker
Schokotropfen oder -streusel

Superfluffig und absolut köstlich, kommen diese kleinen Pancakes bei allen Naschkatzen gut an. Meine Tochter ist sich sicher: Es darf immer noch ein bisschen mehr Schokolade sein!

1 Den Backofen auf 50 °C vorheizen und einen großen Teller hineinstellen. Mehl, Kakao, Backpulver, Natron und Salz mit einem Rührlöffel kurz verrühren.

2 Ei, Milch, Joghurt, Butter und Ahornsirup mit dem Handrührgerät kurz vermengen. Dann die Mehlmischung dazugeben und noch einmal alles kurz miteinander verrühren.

3 Das Öl in der Pfanne erhitzen und den Teig bei mittlerer Temperatur portionsweise in die Pfanne geben. Die Pancakes von einer Seite ausbacken, wenden, wenn der Teig beginnt kleine Blasen zu bilden, und von der anderen Seite fertig backen, bis alle Pancakes von beiden Seiten zart gebräunt sind. Die fertigen Pancakes im Ofen mit einem Geschirrtuch bedeckt warm halten.

4 Immer 3–4 Pancakes stapeln, dabei jeden Pancake dünn mit der Nussnugatcreme bestreichen. Auf die oberste Pancakeschicht Puderzucker und Schokostreusel streuen.

Schoko-Kokos-Pancakes:
Den Pancaketeig wie oben beschrieben herstellen, dabei den Ahornsirup durch zwei Esslöffel Kokossirup ersetzen und vier Esslöffel Kokosflocken unter den Teig mischen. Beim Stapeln der fertigen Pancakes wieder auf jeden Pancake Nussnugatcreme streichen, zusätzlich noch ein paar dünne Scheiben Banane auflegen. Die obersten Pancakes mit Nussnugatcreme bestreichen und mit Kokosflocken bestreuen.

Blaubeer-Polenta-Pancakes mit Chia-Samen

Für 12 Pancakes von ca. 10 cm Durchmesser

Für die Pancakes

130 g Mehl
150 g Polenta
1 EL brauner Zucker
1 EL Vanillezucker
2 TL Backpulver
½ TL Natron
2 EL Chia-Samen
1 Prise Salz
50 g Butter
500 ml Milch
1 Ei, Größe M
125 g Blaubeeren
Sonnenblumenöl

Zum Servieren

1 Banane
Ahornsirup

Neben den Chia-Samen sorgen die frischen Blaubeeren für den Energiekick am Morgen (oder wann immer Sie diese Superfood-Pancakes essen).

1 Den Backofen auf 50 °C vorheizen und einen großen Teller hineinstellen. Mehl, Polenta, Zucker, Vanillezucker, Backpulver, Natron, Chia-Samen und Salz mit einem Löffel vermischen.

2 Die Butter schmelzen und kurz abkühlen lassen.

3 Milch, Ei und die geschmolzene Butter zu den trockenen Zutaten geben und mit einem Schneebesen verrühren. Es dürfen noch kleine Klümpchen im Teig enthalten sein.

4 Das Öl in der Pfanne erhitzen und den Teig bei mittlerer Temperatur portionsweise in die Pfanne geben. Sofort mit einigen Blaubeeren bestreuen. Die Pancakes von einer Seite ausbacken und wenden, wenn der Teig beginnt kleine Blasen zu bilden. Von der anderen Seite fertig backen, bis alle Pancakes von beiden Seiten zart gebräunt sind. Die fertigen Pancakes im Ofen mit einem Geschirrtuch bedeckt warm halten.

5 3–4 Pancakes übereinandertürmen, mit Bananenscheiben dekorieren und großzügig mit Ahornsirup übergießen.

Chia-Samen stammen aus Lateinamerika und sind besonders reich an Ballaststoffen und Omega-3-Fettsäuren. Unter anderem sollen sie eine positive Wirkung auf den Cholesterinspiegel haben und lange satt machen.

Kürbis-Pancakes mit Karamell-Apfelmus

Für 10 Pancakes von ca. 10 cm Durchmesser

Für das Apfelmus

1 kg Äpfel
1 Vanilleschote
75 g Zucker
250 ml Wasser
1 Stange Zimt
3 Gewürznelken
1 Messerspitze Kardamom
Saft von ½ Zitrone
2 EL Amaretto

Für die Pancakes

500 g Hokkaido
Sonnenblumenöl
2 Eier, Größe M
100 ml Milch
4 EL Orangensaft
180 g Dinkelvollkornmehl
2 TL Backpulver
1 TL Natron
4 EL blütenzarte Haferflocken
½ TL Zimt
2 EL brauner Zucker
1 Prise Salz

Außerdem

Zimt-Zucker

Diese Pancakes passen perfekt in den Herbst. Ein wenig Zimt-Zucker darüber und fertig ist ein köstliches Essen.

1 Die Äpfel waschen, schälen, entkernen und in kleine Würfel schneiden. Das Vanillemark herauskratzen.

2 In einem hohen Topf den Zucker bei hoher Temperatur schmelzen, bis er sich vollständig aufgelöst hat und zu karamellisieren beginnt. Sobald er goldbraun ist, die Temperatur reduzieren und das Wasser dazugeben. Der Zucker wird dadurch kurz wieder fest und in dieser Zeit brodelt das Wasser wild, bis sich der Zucker im Wasser unter ständigem Rühren wieder aufgelöst hat.

3 Äpfel, Zimt, Nelken, Kardamom, Zitronensaft und Vanilleschote sowie das ausgekratzte Mark in den Topf geben und ca. 20 Minuten bei mittlerer Temperatur köcheln lassen, bis die Äpfel weich sind. Nach 10 Minuten den Amaretto dazugießen.

4 Den Ofen auf 190 °C vorheizen. Den Hokkaido waschen, entkernen, in kleine Stücke schneiden und dünn mit Öl bestreichen. Die Kürbisstücke auf einem Backblech ca. 30 Minuten bei 170 °C weich backen. Aus dem Ofen nehmen und mit einem Pürierstab zu feinem Kürbispüree verarbeiten. Das Püree abkühlen lassen, dann mit Eiern, Milch und Orangensaft verrühren.

5 Den Backofen auf 50 °C stellen und einen großen Teller hineinstellen. Mehl, Backpulver, Natron, Haferflocken, Zimt, Zucker und Salz in einer Schüssel mit dem Schneebesen vermischen, dann mit dem Handrührgerät unter das Püree rühren.

6 In einer Pfanne bei hoher Temperatur etwas Öl erhitzen. Den Teig portionsweise in die Pfanne geben, bei mittlerer Temperatur von einer Seite ausbacken, wenden, wenn der Teig beginnt kleine Blasen zu bilden, und von der anderen Seite fertig backen, bis alle Pancakes von beiden Seiten zart gebräunt sind. Die fertigen Pancakes im Ofen mit einem Geschirrtuch bedeckt warm halten. Mit Apfelkompott und Zimt-Zucker servieren.

Gefüllte Pancakes mit Schokoladensoße

Für 12 Pancakes von ca. 10 cm Durchmesser

Für die Pancakes
40 g Butter
2 Eier, Größe M
Salz
250 g Mehl
2 EL gemahlene Mandeln
2 EL Vanillezucker
250 ml Milch
2 EL Orangensaft
50 g Schmand
Sonnenblumenöl

Für die Füllung
2 Eier, Größe M
20 g gehackte Mandeln
20 g Butter
1 TL Puderzucker
30 g gemahlene Mandeln

Für die Schokoladensoße
100 g Zucker
4 EL Wasser
175 g Zartbitterschokolade
25 g Butter
4 EL Orangensaft oder
2 EL Orangenlikör

Zum Servieren
30 g Mandelblättchen

Butterzarte Pancakes mit einer Füllung aus feinen Mandeln, übergossen mit köstlicher Schokosoße, bestreut mit gerösteten Mandelblättchen: Ich gebe zu, dass so jeder Tag für mich beginnen könnte.

1 Für die Pancakes die Butter in einer Pfanne zerlassen und anbräunen. Vom Herd nehmen und abkühlen lassen. Die Eier trennen, Eiweiß mit 1 Prise Salz mit dem Handrührgerät steif schlagen.

2 Mehl, gemahlene Mandeln und Vanillezucker miteinander vermischen, 1 Prise Salz dazugeben. Milch, Orangensaft, Schmand, die geschmolzene Butter und die Eigelbe zufügen und alles zu einem festen Teig verrühren. Den Eischnee vorsichtig unter den Teig heben.

3 In einer Pfanne bei hoher Temperatur Öl erhitzen. Den Teig portionsweise in die Pfanne geben, bei mittlerer Temperatur von einer Seite ausbacken, wenden, wenn der Teig beginnt kleine Blasen zu bilden, und von der anderen Seite fertig backen, bis alle Pancakes von beiden Seiten zart gebräunt sind.

4 Den Backofen auf 180 °C vorheizen. Für die Füllung die Eier trennen. Die gehackten Mandeln in einer Pfanne ohne Fett anrösten und abkühlen lassen. Butter, Eigelb und Puderzucker mit einem Handrührgerät schaumig rühren. In einer Schüssel das Eiweiß steif schlagen. Zusammen mit den gehackten und gemahlenen Mandeln unter die Ei-Buttermischung rühren. Die Pancakes dünn mit dieser Mischung bestreichen und aufrollen. In eine ofenfeste Form legen und im vorgeheizten Ofen ca. 8 Minuten backen.

5 Für die Soße Zucker und Wasser in einem kleinen Topf bei schwacher Hitze erwärmen, bis sich der Zucker aufgelöst hat. Die Schokolade in feine Stücke hacken, portionsweise unterheben und verrühren, bis sie vollständig geschmolzen ist. Wichtig: Die Soße darf nicht kochen!

6 Die Butter in kleine Würfel schneiden und ebenfalls in die Soße rühren. Orangensaft oder -likör einrühren und den Topf vom Herd nehmen.

7 Die Mandelblättchen ohne Butter in einer Pfanne bei mittlerer Temperatur anrösten, bis sie goldbraun sind. Die Pancakes mit der Schokoladensoße übergießen und mit den Mandelblättchen garnieren. Wer mag, streut noch Puderzucker darüber.

Pancake-Torte „Himbeere mit Mascarpone“

Für 6–7 Pancakes von ca. 20 cm Durchmesser

Für Creme 1

200 g Mascarpone
4 EL Himbeersirup
75 g Himbeeren
30 g Zucker

Für Creme 2

200 g Mascarpone
75 g Himbeeren
3 EL Zucker
50 g gehackte Mandeln
¼ TL Vanillepulver (gemahlene Vanille)

Für die Pancakes

60 g Butter
300 g Mehl
2 TL Backpulver
½ TL Natron
3 EL Zucker
1 Päckchen Vanillezucker
1 Prise Salz
2 Eier, Größe M
300 ml Milch
200 ml Mineralwasser mit Kohlensäure
Sonnenblumenöl

Zum Servieren

50 g weiße Schokolade, fein gehackt
100 g frische Himbeeren
50 g Mandelblättchen

Pancakes werden zusammen mit Himbeeren und einer feinen Mascarponecreme zu einer wahrhaft sündigen Torte aufgeschichtet. Ein Traum für die Kaffeetafel!

1 Alle Zutaten für Creme 1 miteinander in einer Schüssel verrühren und kalt stellen. Dann alle Zutaten für Creme 2 miteinander verrühren und ebenfalls kalt stellen.

2 Für die Pancakes die Butter in einer kleinen Pfanne schmelzen, kurz anbräunen, dann abkühlen lassen. Mehl, Backpulver, Natron, Zucker, Vanillezucker und Salz in eine Rührschüssel geben und vermengen. Eier, Milch, Mineralwasser und die gebräunte Butter zu den trockenen Zutaten geben und kurz mit dem Schneebesen miteinander vermischen.

3 Öl in einer Pfanne erhitzen und bei mittlerer Hitze den Teig portionsweise in die Pfanne geben. Warten, bis der Teig beginnt Blasen zu bilden, dann einmal wenden und die andere Seite ebenfalls goldbraun backen. Die Pfannkuchen vollständig abkühlen lassen.

4 Die weiße Schokolade vorsichtig über dem Wasserbad schmelzen, eventuell etwas Kokosfett zugeben, damit die Schokolade gut schmilzt. Auf einer Tortenplatte abwechselnd Pancake – Creme 1 – Pancake – Creme 2 usw. stapeln. Zuoberst eine Creme streichen und darauf die Himbeeren verteilen. Eine Gabel in die geschmolzene Schokolade tauchen und die Schokolade mit schnellen Hin- und Her-Bewegungen über die Himbeeren verteilen. Zum Schluss einige Mandelblättchen zwischen die Himbeeren streuen.

Sie können die Mengenangaben halbieren und erhalten dann das perfekte Törtchen für ein bis zwei Personen. Statt Himbeeren kann man auch entsteinte, klein geschnittene Kirschen verwenden. Die weiße Schokolade dann durch Zartbitterschokolade ersetzen.

Herzhafte Pancakes

Parmesan-Pancakes mit Rührei

Für 8 Pancakes von ca. 10 cm Durchmesser

Für die Pancakes
150 g Mehl
½ TL Backpulver
1 TL Meersalz
schwarzer Pfeffer aus der Mühle
1 Ei, Größe M
150–180 ml Milch
80 g Parmesan, fein gerieben
½ Bund Schnittlauch
Sonnenblumenöl

Für das Rührei
½ Bund Schnittlauch
4 Eier
6 EL Milch
Salz
schwarzer Peffer aus der Mühle
Paprikapulver
30 g Parmesan, fein gerieben
Butter

Sonntags nehmen wir uns gerne viel Zeit fürs Frühstück. Neben Pancakes befindet sich oft auch Rührei auf unserem Tisch. So entstand die Idee, die beiden Leckereien zu kombinieren.

1 Den Backofen auf 50 °C vorheizen und einen großen Teller hineinstellen. Mehl, Backpulver, Salz und Pfeffer mit einem Rührlöffel vermengen. Ei und Milch dazugeben und mit dem Handrührgerät kurz vermischen. Dann den Käse unterrühren. Den Schnittlauch fein schneiden, ein wenig für die Garnitur zurücklegen, und unter den Teig mischen. Den Teig ca. 15 Minuten quellen lassen.

2 Das Öl in der Pfanne erhitzen und bei mittlerer Temperatur den Teig portionsweise in die Pfanne geben. Die Pancakes wenden, wenn der Teig beginnt kleine Blasen zu bilden, und von der anderen Seite fertig backen, bis alle Pancakes von beiden Seiten goldbraun sind. Die fertigen Pancakes im Ofen mit einem Geschirrtuch bedeckt warm halten.

3 Für das Rührei den Schnittlauch in feine Ringe schneiden. Die Eier mit der Milch verquirlen und mit Salz, Pfeffer und Paprikapulver würzen. Schnittlauch und Parmesan hinzugeben.

4 In einer Pfanne die Butter erhitzen und die Eimasse hineingeben. Kurz stocken lassen, dann umrühren. Das Rührei mit den Pancakes anrichten, vor dem Servieren mit Schnittlauch bestreuen.

Probieren Sie die unterschiedlichen Geschmäcker von Kräutern. Auch Oregano oder etwas Rosmarin verleihen den Pancakes eine feine Würze. Oder geben Sie ein paar fein gehackte Oliven in den Teig.

Pancakes with Cheese and Bacon

Für 8 Pancakes von ca. 10 cm Durchmesser

Für den Käsedip
1 kleine Zwiebel
1 kleine Peperoni
150 g Cheddarkäse
200 g Sahneschmelzkäse
etwas Milch
Salz
Pfeffer
Worcestersauce

Für die Pancakes
50 g Gruyère-Käse
125 g Mehl
½ TL Backpulver
1 TL Meersalz
schwarzer Pfeffer aus der Mühle
1 TL Paprikapulver
1 Ei, Größe M
180 ml Milch
Sonnenblumenöl
100 g Frühstücksspeck (Bacon)

Mein Mann liebt vor allem die herzhaften Leckereien aus meiner Küche. Diese Pancake-Variante mit knusprigem Speck und würzigem Käse entspricht genau seinen Vorstellungen.

1 Für den Dip die Zwiebel schälen und in kleine Stücke schneiden. Die Peperoni entkernen und sehr fein schneiden. Den Käse ebenfalls in feine Würfel schneiden.

2 Etwas Fett in einem kleinen Topf erhitzen und die Zwiebel darin glasig dünsten. Die Peperoni dazugeben und einige Minuten bei mittlerer Hitze andünsten. Cheddar, Schmelzkäse und Milch zufügen und köcheln lassen, bis sich eine homogene Masse bildet. Mit Salz, Pfeffer und Worcestersauce abschmecken und abkühlen lassen.

3 Den Backofen auf 50 °C vorheizen und einen großen Teller hineinstellen. Den Käse für die Pancakes grob reiben. Mehl, Backpulver, Salz, Pfeffer und Paprika mit einem Rührlöffel vermengen. Ei und Milch dazugeben und mit dem Handrührgerät kurz vermischen. Dann den Käse unterrühren.

4 Das Öl in der Pfanne erhitzen und bei mittlerer Temperatur zwei Baconscheiben übereinander in die Pfanne legen und kurz anbraten. Den Teig portionsweise über die Baconscheiben streichen, sodass der Speck komplett von Teig bedeckt ist. Besonders gut gelingt die längliche Pancakeform, wenn man mit Hilfe eines Spritzbeutels erst ein wenig Teig als Umrandung außen um den Bacon herumspritzt und dann mit Teig auffüllt.

5 Die Pancakes wenden, wenn der Teig beginnt kleine Blasen zu bilden, und von der anderen Seite fertig backen, bis alle Pancakes von beiden Seiten goldbraun sind. Die fertigen Pancakes im Ofen mit einem Geschirrtuch bedeckt warm halten. Mit dem Dip servieren.

Lachs-Spinat-Rolle

Für die Füllung
1 kleine Zwiebel
Butter
300 g TK-Blattspinat
etwas Gemüsebrühe
Salz
schwarzer Pfeffer aus der Mühle
150 g Crème fraîche
200 g Räucherlachs

Für die Pancakes
1 Bund Dill
100 g Mehl
50 g Parmesan, fein gerieben
Salz
schwarzer Pfeffer aus der Mühle
4 Eier, Größe M
100 ml Milch
6 EL Mineralwasser mit Kohlensäure

Mit dieser Pancake-Rolle, die im Ofen gebacken wird, punkten Sie bei jedem Fingerfood-Büfett: Weil sie gut aussieht, lecker schmeckt und sich superschnell auch schon am Vortag zubereiten lässt.

1 Den Ofen auf 180 °C Umluft vorheizen. Ein Backblech mit Backpapier auslegen und in den Ofen schieben.

2 Die Zwiebel fein würfeln und mit etwas Butter in einem kleinen Topf glasig dünsten. Den Blattspinat und etwas Gemüsebrühe zufügen und bei mittlerer Temperatur vollständig auftauen lassen. Mit Salz und Pfeffer abschmecken.

3 Für den Pancake-Teig den Dill waschen und fein hacken. Mehl, Parmesan, die Hälfte des Dills, Salz und Pfeffer in einer Rührschüssel vermischen. Eier, Milch und Mineralwasser zufügen und alle Zutaten kurz mit den Schneebesen des Handrührgerätes zu einem glatten, dünnflüssigen Teig verarbeiten.

4 Das Backblech aus dem Ofen nehmen und den Teig dünn auf dem Blech verteilen. Für ca. 12 Minuten backen.

5 Den Teig kurz abkühlen lassen. Dann dünn mit Crème fraîche bestreichen, den übrigen Dill und etwas Pfeffer darüberstreuen. Den Spinat ausdrücken und darauf verteilen. Mit den Lachsscheiben belegen und alles von der Längsseite her eng aufrollen. Entweder sofort in 1,5–2 cm dicke Scheiben schneiden und servieren oder in Folie wickeln und über Nacht in den Kühlschrank legen.

Kräuter-Pancakes mit Tomatenblumen

Für 8 Pancakes von ca. 10 cm Durchmesser

Für den Teig
125 g Mehl
¼ TL Backpulver
Salz
Pfeffer
italienische Kräuter
1 Ei, Größe M
100 ml Milch
70 g Schmand
Sonnenblumenöl

Für die Blumen
ca. 10 Cocktailtomaten
einige Stängel glatte Petersilie
etwas Schnittlauch

Für die Crème fraîche
ca. 20 g Petersilie
ca. 20 g Schnittlauch
200 g Crème fraîche
Salz
Pfeffer

Mit Essen spielt man nicht – an diesen Spruch kann ich mich noch gut erinnern. Warum eigentlich nicht? Mit diesen Tomatenblumen komme ich jedenfalls immer gut an.

1 Den Backofen auf 50 °C vorheizen und einen Teller hineinstellen. Mehl, Backpulver und Gewürze in einer Rührschüssel vermengen. Ei, Milch und Schmand hinzugeben und alles kurz, aber kräftig mit dem Schneebesen aufschlagen. Den Teig ca. 15 Minuten quellen lassen.

2 Die Tomaten waschen, trocknen und in ca. 5 schmale Scheiben schneiden. Petersilie und Schnittlauch ebenfalls waschen. Den Schnittlauch in ca. 2–3 cm große Stücke schneiden. Die Petersilienstiele mit Blättern auf ca. 2 cm verkürzen.

3 Das Öl in der Pfanne erhitzen und bei mittlerer Temperatur den Teig portionsweise in die Pfanne geben. In die noch weiche Oberfläche mehrere Tomatenscheiben tief in den Teig drücken, so dass sie zusammen eine Blume bilden. Petersilienstiele als Blumenstängel zufügen und den Schnittlauch als Gras einfügen. Die Pancakes wenden, wenn der Teig beginnt kleine Blasen zu bilden, und von der anderen Seite fertigbacken. Die Pancakes nicht zu braun werden lassen, damit die Blumen noch gut zur Wirkung kommen. Die fertigen Pancakes im Ofen mit einem Geschirrtuch abgedeckt warm halten.

4 Für die Crème fraîche Schnittlauch und Petersilie waschen, fein hacken und unter die Crème fraîche geben (etwas Schnittlauch für die Deko zurücklegen). Mit Salz und Pfeffer abschmecken. Vor dem Anrichten den Dip mit Schnittlauch überstreuen.

Es ist wichtig, dass die Tomaten tief in den Teig gedrückt werden, damit sie beim Wenden nicht abfallen. Außerdem muss zügig gearbeitet werden. Ist der Teig schon zu fest, haften Tomaten und Kräuter nicht mehr.

Calzone-Pancakes mit Pilzragout

Für 6 Pancakes von ca. 20 cm Durchmesser

Manche Frauen haben ja bekanntlich einen Taschentick. Wenn es um Teigtaschen geht, passe ich tatsächlich in dieses Schema, denn von den gefüllten Pfannkuchen kann ich nicht genug bekommen.

Für den Teig

200 g Mehl
1 TL Backpulver
¼ TL Natron
1 TL Salz
2 EL Sesam
350 ml Milch
6 Eier, Größe M
150 g Gouda

Für die Füllung

Sonnenblumenöl
500 g Putengeschnetzeltes
1 kleine Zwiebel
50 g Schinkenwürfel
300 g braune Champignons
3 EL Tomatenmark
200 ml Sahne
50 g Kräuterfrischkäse
½ Bund Schnittlauch
Salz
schwarzer Pfeffer aus der Mühle

Außerdem

Sesam
Schnittlauch

1 Mehl, Backpulver, Natron, Salz und Sesam in einer Schüssel miteinander verrühren. Milch und Eier hinzugeben und mit dem Schneebesen alles zu einem glatten Teig verrühren. Den Teig ca. 20 Minuten quellen lassen. Den Backofen auf 50 °C vorheizen und einen großen Teller hineinstellen.

2 Für die Füllung etwas Öl in einer großen Pfanne erhitzen und das Putengeschnetzelte darin anbraten. Die Zwiebel fein würfeln und zusammen mit den Schinkenwürfeln in die Pfanne geben, kurz mitbraten. Die Champignons in dünne Scheiben schneiden und ebenfalls in der Pfanne mitbraten. Das Tomatenmark zugeben und kurz mit anbraten. Sahne und Frischkäse dazugeben und einige Minuten eindicken lassen. Den Schnittlauch waschen, in feine Ringe schneiden und einrühren. Mit Salz und Pfeffer abschmecken.

3 In einer ca. 20 cm großen Pfanne etwas Öl erhitzen und die Pancakes bei mittlerer Hitze portionsweise darin anbraten. Jeweils wenden, wenn die erste Seite beginnt Blasen zu bilden. Die fertigen Pancakes im Ofen mit einem Geschirrtuch bedeckt warm halten.

4 Die Pancakes auf ein Backblech legen, auf eine Hälfte jeweils etwas Füllung geben und die Pancakes zuklappen. Den Gouda reiben und über die Pfannkuchen streuen. Ca. 8 Minuten im Ofen unter der Grillfunktion backen, bis der Käse anfängt zu zerlaufen. Dazu passt ein grüner Salat.

Einen ganz besonderen Geschmack bekommt die Füllung, wenn man einen Teil der Sahne durch einen trockenen Rotwein ersetzt.

Gemüse-Pancakes

Für 10 Pancakes von ca. 10 cm Durchmesser

Für das Gemüse
1 kleine Aubergine
400 g braune Champignons
2 Frühlingszwiebeln
1 Knoblauchzehe
1 kleine rote Zwiebel
Sonnenblumenöl
500 ml passierte Tomaten
Pfeffer
Salz
Muskat
Paprikapulver
Oregano
Basilikum

Für die Pancakes
1 kleine rote Zwiebel
100 g Dinkelmehl
150 g Weizenmehl
1 TL Backpulver
250 ml Hafermilch
1 Ei, Größe M
130 g TK-Spinat, aufgetaut
Muskat
Pfeffer
Salz
Paprikapulver

Jede Menge Vitamine verbergen sich in diesem Pfannkuchen. Außerdem viele Varianten, denn beim Gemüse gibt es eine enorme Auswahl. Sie können das Ei auch einfach weglassen, dann haben Sie ein veganes Rezept.

1 Den Backofen auf 50 °C vorheizen und einen großen Teller hineinstellen. Das Gemüse waschen. Die Aubergine in kleine Würfel, die Champignons in Scheiben und die Frühlingszwiebeln in schmale Ringe schneiden. Knoblauch und Zwiebel häuten und fein würfeln.

2 Etwas Öl in der Pfanne erhitzen und Zwiebel und Frühlingszwiebeln darin andünsten. Dann den Knoblauch hinzufügen und kurz mit anschwitzen. Champignons und Auberginen hinzufügen und einige Minuten in der Pfanne andünsten. Die passierten Tomaten hinzufügen und einköcheln lassen. Mit den Gewürzen und Kräutern (außer Basilikum) abschmecken.

3 Für die Pancakes die Zwiebel häuten und fein würfeln. In einer Pfanne Öl erhitzen und die Zwiebel andünsten. Vom Herd nehmen und abkühlen lassen.

4 Dinkelmehl, Weizenmehl und Backpulver in einer Schüssel vermischen. Hafermilch, Ei und Spinat (evtl. etwas ausdrücken) hinzufügen und mit dem Schneebesen kurz und kräftig verrühren. Die Zwiebel hinzufügen und mit den Gewürzen abschmecken. Den Teig 15 Minuten quellen lassen.

5 Etwas Öl in der Pfanne erhitzen und bei mittlerer Temperatur den Teig portionsweise in die Pfanne geben. Die Pancakes wenden, wenn der Teig beginnt kleine Blasen zu bilden, und von der anderen Seite fertig backen, bis alle Pancakes von beiden Seiten goldbraun sind. Die fertigen Pancakes im Ofen mit einem Geschirrtuch bedeckt warm halten. Mit dem Gemüse servieren und mit Basilikum bestreuen.

Dieses Rezept ist sehr wandelbar. Stellen Sie das Gemüse nach Ihren geschmacklichen Vorlieben zusammen und probieren Sie auch unterschiedliche Pilzsorten aus. Feta schmeckt gut dazu.

Spanische Pancake-Muffins

Für ein Muffinblech mit 12 Mulden

Für den Teig
3 Eier, Größe M
20 g Butter + Butter zum Einfetten
175 g Milch
150 g Mehl
¼ TL Backpulver
Salz
schwarzer Pfeffer aus der Mühle
Paprikapulver
1 TL Oregano (frisch oder TK)
1 TL Thymian (frisch oder TK)
1 kleine Zwiebel
30 g Gouda

Für den Belag
20 g Oliven
50 g Chorizo
4 getrocknete, in Öl eingelegte Tomaten
1 TL Oregano
Salz
schwarzer Pfeffer aus der Mühle
200 g Feta

Viele Wanderurlaube auf Mallorca und das spanische Lebensgefühl haben mich zu diesen würzigen Kuchen aus Pancake-Teig inspiriert. Zur Abwechslung wird der Teig in der Muffinform gebacken.

1 Die Eier trennen und das Eiweiß mit dem Handrührgerät zu festem Eischnee schlagen. In den Kühlschrank stellen. Die Butter in einer Pfanne zerlassen und bräunen, danach kurz abkühlen lassen und mit Milch und Eigelb mit dem Schneebesen verrühren.

2 Mehl und Backpulver miteinander vermischen. Dann die Gewürze dazugeben (seien Sie beim Würzen nicht zu sparsam). Werden frische Kräuter verwendet, diese fein hacken.

3 Die Mehlmischung zur Butter-Ei-Mischung geben und gut mit dem Schneebesen verrühren. Die Zwiebel häuten und in feine Würfel schneiden. In einer Pfanne kurz glasig dünsten, etwas abkühlen lassen und unter den Teig heben. Zuletzt den Käse reiben und einrühren. Den Teig 20 Minuten quellen lassen. Den Ofen auf 180 °C Umluft vorheizen und die Mulden des Muffinblechs mit etwas Butter gründlich einfetten.

5 Für den Belag Oliven, Chorizo und Tomaten in kleine Stücke schneiden und würzen. Den Feta zerbröseln.

6 Den Eischnee aus dem Kühlschrank nehmen und vorsichtig unter den Teig heben. Den Teig auf die zwölf Mulden des Muffinblechs aufteilen. Darauf jeweils einen Teelöffel der Olivenmischung geben und den Feta darüberstreuen. 20–25 Minuten im Ofen backen. Etwas abkühlen lassen und vorsichtig aus der Form lösen.

Statt den Teig in einer Muffinform zu backen, kann man ihn auch in einer großen, runden Tarteform ausbacken. Zudem kann man geschmackliche Abwechslung schaffen, indem man den Belag verändert: z. B. die Oliven weglässt oder statt Chorizo kleine Speckwürfel hinzugibt oder etwas Kümmel verwendet.

Pancake „bolognese“ vom Blech

Für 1 Backblech

Für den Teig
4 Eier, Größe M
75 g Mehl
25 g Polenta
½ TL Backpulver
275 ml Milch
Salz
schwarzer Pfeffer

Für den Belag
1 Zwiebel
1 Knoblauchzehe
Sonnenblumenöl
400 g Hackfleisch
Salz
Pfeffer
Paprikapulver edelsüß
Oregano
50 g Feta
2 getrocknete, in Öl eingelegte Tomaten
2 Tomaten
150 g Gouda, gerieben

Es gibt klassische Gerichte, die so ziemlich jedes Kind liebt. Spaghetti bolognese gehört da sicherlich dazu. Oder Pizza. Warum also nicht zwei Klassiker miteinander kombinieren? Ich wette, nicht nur Ihre Kinder werden diese Mischung lieben!

1 Ein Backblech mit Backpapier auslegen und in den Ofen schieben. Den Ofen auf 180 °C Umluft vorheizen.

2 Die Eier trennen und das Eiweiß mit dem Handrührgerät zu festem Eischnee aufschlagen. Mehl, Polenta, Backpulver, Salz und Pfeffer in einer Rührschüssel vermischen. Milch und Eigelb dazugeben und zu einem glatten Teig verrühren. Den Eischnee vorsichtig unterheben.

3 Zwiebel und Knoblauch häuten und in feine Würfel schneiden. In einer Pfanne Öl erhitzen und das Hackfleisch darin anbraten. Zwiebel und Knoblauch hinzufügen und kurz mitbraten. Mit Salz, Pfeffer, Paprika und Oregano abschmecken.

4 Das Blech aus dem Ofen nehmen, den Teig zügig aufstreichen und 5 Minuten backen.

5 Den Feta zerbröseln und die getrockneten Tomaten in feine Streifen schneiden. Die frischen Tomaten in Scheiben schneiden und kurz auf Küchenpapier abtropfen lassen.

6 Das Blech aus dem Ofen nehmen und Hackfleischmasse, Tomaten und Feta darauf verteilen. Zum Schluss den Gouda darüberstreuen. 12–15 Minuten im Ofen backen, herausnehmen und in Stücke geschnitten servieren.

Die eingelegten Tomaten kann man durch zwei weitere frische Tomaten ersetzen und nach dem Backen frisches Basilikum in feinen Streifen überstreuen.

Pancake-Art

Unter Pancake-Art versteht man einen noch relativ neuen Backtrend aus Amerika, bei dem mit Pancake-Teig kleine Bilder in die Pfanne „gemalt“ werden. Richtige Pancake-Künstler zaubern die unglaublichsten Kunstwerke in ihren Pfannen. Ich habe hier einige einfache Motive zum Einsteigen zusammengetragen. Das Grundrezept ist fast immer gleich.

Verwenden Sie nach Möglichkeit einen Crêpes-Maker. Sie können die Temperatur leichter regulieren und haben beim Malen keinen Pfannenrand, an dem Sie sich verbrennen können oder der Sie in Ihren Bewegungen hindert. Es funktioniert aber auch in einer normalen Pfanne.

Die richtige Temperatur und das richtige Timing sind bei der Pancake-Art entscheidend. Jede Pfanne und jedes Gerät heizen anders. Durch das etappenweise Auftragen des Teigs in der Pfanne erhalten Sie unterschiedliche Bräunungsgrade und damit die Muster. Regeln Sie die Temperatur so, dass der Teig zügig anbäckt, aber nicht zu schnell braun wird, sonst sind die ersten Stellen Ihres Kunstwerks verbrannt, bevor Sie die letzten Schattierungen aufmalen. Bei zu niedrigen Temperaturen wird der Teig allerdings nicht schnell genug fest.

Ob Sie leere Ketchup-Flaschen oder Spritzbeutel benutzen, bleibt Ihnen überlassen. Ich verwende meistens Spritzbeutel, die vorne geschlossen sind. In diese fülle ich den Teig, verschließe den Beutel mit einem Clip und schneide mir die Spitze zurecht: dünn für Konturen, dicker zum Auffüllen der Motive. Alternativ kann man auch unterschiedliche Tüllengrößen verwenden.

Schnecke

Wer sich zum ersten Mal an einem Pfannenkunstwerk versucht, ist mit diesen kleinen Schnecken gut beraten. Ein Video zu diesem Pancake finden Sie unter www.bassermann-verlag.de/schnecke

125 g Mehl
2 EL Zucker
1 Päckchen Vanillezucker
1 Prise Meersalz
1 Ei, Größe M
125 ml Milch
1 EL Kakaopulver

1 Den Backofen auf 50 °C vorheizen und einen großen Teller hineinstellen. Mehl, Zucker, Vanillezucker und Salz kurz mit einem Rührlöffel vermischen. Das Ei hinzugeben, die Milch in kleinen Portionen zufügen und mit dem Handrührgerät unterrühren.

2 1/3 des Teigs mit Kakao färben. Einen Spritzbeutel mit einer kleinen Lochtülle bestücken und den braunen Teig einfüllen. In einen zweiten Spritzbeutel eine etwas größere Lochtülle setzen und die anderen 2/3 des Teigs einfüllen. Eine gut beschichtete Pfanne oder einen Crêpes-Maker erhitzen.

3 Die Konturen der Schnecke mit der kleinen Lochtülle aufmalen. Kurz warten, damit der Teig etwas fest wird, dann mit der größeren Lochtülle zügig auffüllen. Sobald der Teig Blasen wirft, wird er gewendet und 2–3 Minuten zu Ende gebacken. Die fertigen Pancakes im Ofen mit einem Geschirrtuch bedeckt warm halten.

Wer unsicher ist, malt sich die Umrisse der Schnecke oder auch von anderen Motiven am besten auf einem Blatt vor, um dann beim Arbeiten mit dem Teig sicher und zügig malen zu können.

Kleiner Naschbär

125 g Mehl
2 EL Zucker
1/4 TL Vanillepulver (gemahlene Vanille)
1 Prise Meersalz
1 Ei, Größe M
125 ml Milch
1 EL Kakaopulver

Diese kleinen Pancake-Bären haben es meinen Kindern ganz besonders angetan. Auf dem Teller werden sie dann ganz bärentypisch mit Honig bestrichen und vernascht. Einen kleinen Film zum Backen von Bärenpancakes finden Sie unter www.bassermann-verlag.de/kleiner-naschbaer

1 Den Backofen auf 50 °C vorheizen und einen großen Teller hineinstellen. Mehl, Zucker, Vanille und Salz kurz mit einem Rührlöffel vermischen. Das Ei hinzugeben, die Milch in kleinen Portionen zufügen und mit dem Handrührgerät unterrühren.

2 Einen Spritzbeutel mit einer großen Lochtülle bestücken und mit 2/3 des Teigs befüllen. Den Rest des Teigs mit Kakao einfärben und in einen zweiten Spritzbeutel mit feiner Lochtülle geben. Eine gut beschichtete Pfanne oder einen Crêpes-Maker erhitzen.

3 Die Konturen des Bärenkopfs mit Augen, Nase und Schnauze mit dem eingefärbten Teig aufmalen, als Letztes die Barthaare durch Punkte andeuten, kurz warten, dann den Kopf mit der größeren Lochtülle zügig auffüllen, zum Schluss die Schnauzen- und Ohrenkontur auffüllen. Sobald der zuletzt aufgetragene Teig Blasen wirft, wird der Bärenkopf gewendet und 2–3 Minuten zu Ende gebacken. Die fertigen Pancakes im Ofen mit einem Geschirrtuch bedeckt warm halten. Die Bären mit Honig, Ahornsirup oder Nussnugatcreme servieren.

Schäfchen

Ich glaube, ich habe in den vergangenen Monaten einen ganzen Pancake-Zoo gebacken. Ein Lieblingsmotiv meiner Freundin ist dieses Schaf. Wenn Kinder mitessen, ersetze ich den Alkohol durch Milch oder Orangensaft. Einen kleinen Film hierzu finden Sie unter www.bassermann-verlag.de/schaefchen

125 g Mehl
2 EL Zucker
1 Prise Meersalz
Bittermandelaroma
15 ml Amaretto (oder Milch oder Orangensaft)
1 Ei, Größe M
110 ml Milch
1 EL Kakaopulver

1 Den Backofen auf 50 °C vorheizen und einen großen Teller hineinstellen. Mehl, Zucker und Salz kurz mit einem Rührlöffel vermischen. Einige Tropfen Bittermandelaroma und Amaretto hinzufügen. Das Ei hinzugeben, die Milch in kleinen Portionen zufügen und mit dem Handrührgerät unterrühren.

2 Einen Spritzbeutel mit einer großen Lochtülle bestücken und mit der Hälfte des Teigs befüllen. 1/4 des Teigs mit Kakao einfärben und in einen zweiten Spritzbeutel mit feiner Lochtülle geben. Das letzte Viertel in einen weiteren Spritzbeutel mit feiner Lochtülle geben. Eine gut beschichtete Pfanne oder einen Crêpes-Maker erhitzen.

3 Die Konturen des Gesichts sowie Augen, Nase und Mund mit dem eingefärbten Teig aufmalen. Mit dem hellen Teig (feine Lochtülle) die Körperkontur aufmalen. Mit dem braunen Teig zwei Beine malen und auffüllen. Mit der größeren Lochtülle das Gesicht auffüllen. Kurz warten und zum Schluss den Körper auffüllen. Sobald der Teig Blasen wirft, wird er gewendet und 2–3 Minuten zu Ende gebacken. Die fertigen Pancakes im Ofen mit einem Geschirrtuch bedeckt warm halten.

Lecker schmecken die Schafe auch mit der Marzipancreme von Seite 24.

Bunte Eistüte

Mein kleiner Sohn könnte immer Eis essen. Weil ich aber nicht der Meinung bin, dass Eis zu einem ausgewogenen Frühstück gehört, habe ich ihm zumindest ein kleines Trosteis gebacken. Und weil zu einem Eisbecher ja auch Obst gut passt, konnte dieses Eis doch mit einigen Vitaminen auftrumpfen. Einen kleinen Film hierzu finden Sie unter www.bassermann-verlag.de/bunte-eistuete

125 g Mehl
2 EL Zucker
1/4 TL Vanillepulver (gemahlene Vanille)
1 Prise Meersalz
1 Ei, Größe M
125 ml Milch
1 EL Kakaopulver
Lebensmittelfarbe
gemischtes Obst der Saison oder eine Fruchtsoße

1 Den Backofen auf 50 °C vorheizen und einen großen Teller hineinstellen. Mehl, Zucker, Vanille und Salz kurz mit dem Schneebesen vermischen. Das Ei hinzugeben und die Milch in kleinen Portionen zufügen, mit dem Schneebesen kurz und kräftig unterrühren.

2 Vier Spritzbeutel vorbereiten und den Teig portionsweise einfärben: mit Kakao braun und mit Lebensmittelfarbe gelb für die Waffel, verschiedene Farben für die Bällchen und rot für die Kirsche.

3 Jeweils die Spitze der Spritzbeutel abschneiden, sodass eine feine Öffnung entsteht. Eine gut beschichtete Pfanne oder einen Crêpes-Maker erhitzen. Wichtig: Wenn gefärbter Teig zu heiß wird, leiden die Farben und werden braun. Deshalb mit möglichst niedriger Temperatur backen.

4 Die Kontur der Eiswaffel mit braunem Teig aufmalen und das Wellenmuster einfügen. Kurz warten und die Lücken mit gelbem Teig auffüllen. Die einzelnen Eisbällchen erst mit der Kontur aufmalen und dann ausfüllen. Zuletzt mit rotem Teig eine kleine Kirsche obendrauf malen. Wirft der Teig Blasen, kann er gewendet und von der anderen Seite 2–3 Minuten zu Ende gebacken werden. Die fertigen Pancakes im Ofen mit einem Geschirrtuch bedeckt warm halten. Nach Belieben mit Obst servieren.

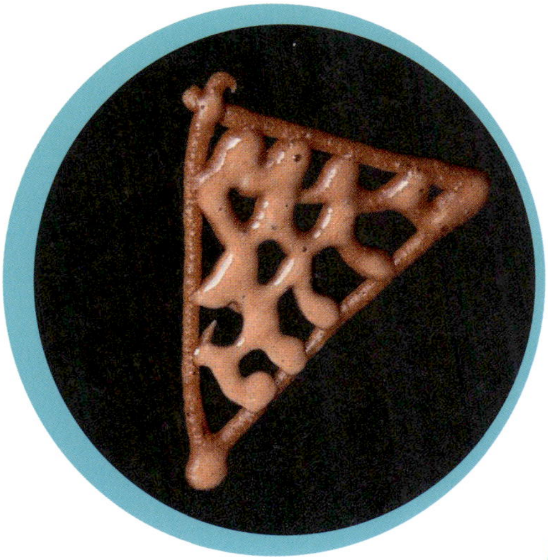

Hungrige Raupe

Kennen Sie die kleine Raupe Nimmersatt? Meine Kinder lieben die Geschichte von der verfressenen Raupe, die sich durch Berge von Obst futtert, und besonders toll finden sie es, wenn sie einen Obstteller de luxe von mir bekommen, inklusive Raupe. Einen kleinen Film hierzu finden Sie unter www.bassermann-verlag.de/hungrige-raupe
Das Foto der fertigen Raupe finden Sie auf Seite 8.

Für den Teig
125 g Mehl
100 ml Milch
25 ml Orangensaft
2 EL Zucker
1 Päckchen Vanillezucker
1 Prise Salz
1 Ei, Größe M

Für die Deko
Zuckerperlen als Augen
oder Zuckeraugen
Puderzucker

1 Alle Zutaten für den Teig in eine Rührschüssel füllen und mit dem Schneebesen kurz, aber kräftig verrühren. Den Teig in einen Spritzbeutel füllen und die Spitze abschneiden. Eine gut beschichtete Pfanne oder einen Crêpes-Maker vorheizen.

2 Mit dem Spritzbeutel 8–10 Beinpaare in die Pfanne malen. Wichtig ist, dass diese U-förmig, etwa gleich groß und knusprig gebacken werden, damit sie nachher das Gewicht des Raupenkörpers halten. Wenn die Beine von beiden Seiten durchgebacken sind, aus der Pfanne nehmen und in Reichweite legen.

3 Nun zügig den Raupenkörper in die Pfanne malen, indem man mehrere kleine, ineinander übergehende Teigkreise mit dem Spritzbeutel aufträgt und mit Teig auffüllt. Sofort die Beine tief in den Teig stecken, damit diese nachher nicht abfallen. Den Teig von unten durchbacken lassen und aus der Pfanne nehmen.

4 Für den Raupenkopf einen weiteren Kreis in der gleichen Größe wie ein Körperring mit zwei Fühlern malen und von beiden Seiten ausbacken.

5 Puderzucker mit etwas Wasser zu einem zähen Zuckerguss anrühren und damit die Augen aufkleben und den Kopf am Körper befestigen. Die Raupe mit verschiedenen Obstsorten servieren.

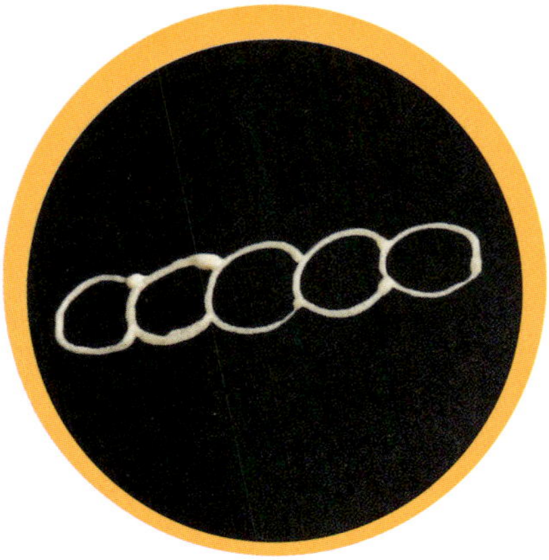

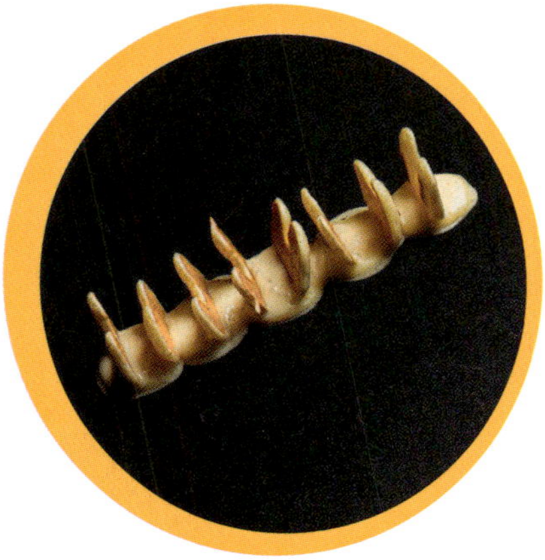

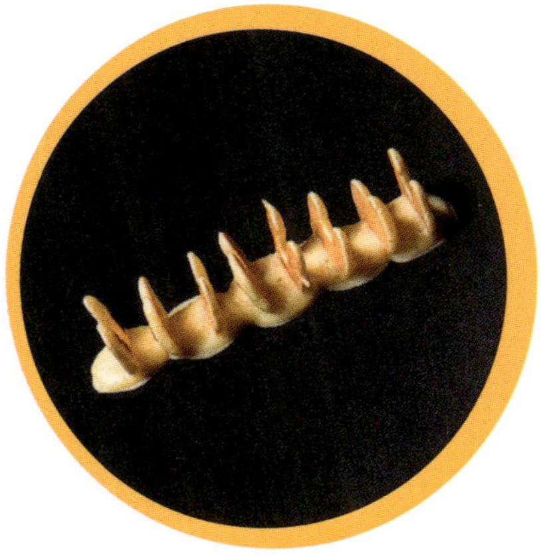

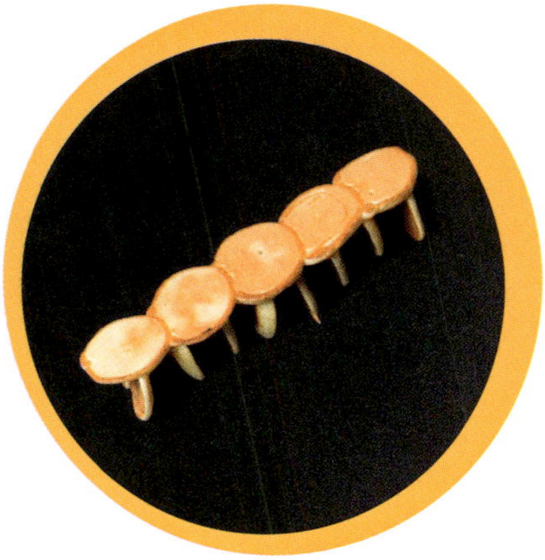

Spinne im Netz

Heute gibt es Spinnen zum Essen!“ Mit dieser Ansage habe ich meine Kinder doch erst einmal etwas geschockt. Umso mehr mussten sie lachen, als ich ihnen diese Pancake-Spinnen präsentierte. Einen kleinen Film hierzu finden Sie unter www.bassermann-verlag.de/spinne-im-netz

125 g Mehl
125 ml Milch
2 EL Zucker
¼ TL Vanillepulver (gemahlene Vanille)
1 Prise Salz
1 Ei, Größe M
1 EL Kakaopulver

1 Alle Zutaten bis auf den Kakao in eine Rührschüssel füllen und mit dem Schneebesen kurz, aber kräftig verrühren. Die Hälfte des Teiges in einen Spritzbeutel füllen und die Spitze abschneiden. In die andere Teighälfte das Kakaopulver einrühren und den Teig ebenfalls in einen Spritzbeutel füllen. Eine gut beschichtete Pfanne oder einen Crêpes-Maker vorheizen.

2 Mit dem dunklen Teig 10–12 Beine in die Pfanne malen. Wichtig ist, dass diese L-förmig und etwa gleich groß sind und knusprig gebacken werden, damit sie nachher das Gewicht der Spinne halten (darum werden gleich ein paar mehr gebacken, gebraucht werden nachher nur 8 Beine). Wenn die Beine von beiden Seiten durchgebacken sind, aus der Pfanne nehmen und in Reichweite legen.

3 Nun zügig den Spinnenkörper in die Pfanne malen, indem man mit dem dunklen Teig erst ein kleines Kreuz malt und dann mit dem hellen Teig Kopf und Körper um das Kreuz herum. Dazu erst die Konturen malen und dann zügig auffüllen. Sofort die Beine tief in den Teig stecken, damit diese nachher nicht abfallen. Den Teig von unten durchbacken lassen und aus der Pfanne nehmen.

4 Für das Spinnennetz mit dem hellen Teig zunächst ein kleines Viereck malen, von dessen Seiten lange Striche (wie bei einer Sonne) gezogen werden. Diese werden dann mehrmals verbunden, so- dass ein Netz entsteht. Kurz anbacken lassen, dann wenden und von der anderen Seite ebenfalls kurz anbacken. Spinne und Netz auf dem Teller anrichten.

Weniger Aufwand ist es, wenn man die Spinne nur aus einem Teig herstellt, also auf das Kreuz verzichtet.

Orangen-Ingwer-Sirup

2–3 Bio-Orangen
50 g Ingwer
Schale von einer Bio-Orange
100 g brauner Zucker
150 g Zucker
2 EL Zitronensaft

Wir lieben Ahornsirup oder Honig zu unseren Pancakes, aber auch hier ist Abwechslung gefragt. Dieser fruchtige Sirup ist mein Favorit.

1 Die Orange heiß abwaschen und mit einem Sparschäler die Schale dünn abschälen. Die helle Haut darunter sollte nicht anhaften, weil sie den Sirup bitter machen würde.

2 Die Orangen auspressen und 250 ml Saft abmessen. Den Ingwer schälen und in sehr feine Scheiben schneiden.

3 Den Orangensaft zusammen mit Zucker, Zitronensaft, Orangenschale und Ingwerscheiben in einen Topf geben und aufkochen lassen. Ca. 20-30 Minuten auf niedriger Temperatur köcheln lassen, bis der Sirup eindickt.

4 Eine Flasche heiß auskochen und bereitstellen.

5 Orangenschalen und Ingwerscheiben aus dem Sirup entfernen und den Sirup in eine Flasche füllen. Abkühlen lassen und im Kühlschrank aufbewahren.

Ich widme dieses Buch meinen Eltern, die mir gezeigt haben, dass das Glück oft in den einfachen Dingen zu finden ist.

Danke

Mein ganz großer Dank gilt all denen, die mir bei der Entstehung dieses Buches geholfen haben: Meinem Mann und meinen Kindern, die wochenlang als Testesser herhalten „mussten". Meinen wundervollen Pancakegirls, die fast alle der Rezepte ausprobiert und deren Rückmeldungen das Buch auf jeden Fall verbessert haben. Carsten Schröder für die Pancake-Art-Fotos und Annika Both, die die Pancake-Art-Filme mit mir und für mich gedreht hat. Christel Gross für dieses Foto mit einigen meiner Pancakegirls und Testessern:

Und ich danke der Firma Severin für die Zuverfügungstellung ihres Pancake-Makers.

Rezeptregister nach Kapiteln

Süße Pancakes

Herzhafte Pancakes

Pancake-Art

Sirup

Alphabetisches Rezeptregister

Impressum

ISBN 978-3-8094-3614-0

1. Auflage

Umschlaggestaltung: Atelier Versen, Bad Aibling
Layout: Reinhard Soll
Herstellung: Elke Cramer
Coverfotos: StockFood/PhotoCuisine/Phillipe Asset
Rezeptfotos: Udo Einenkel, Berlin
Foodstyling: Udo Einenkel, Thomas von Wittich
Pancake-Art-Fotos (Seite 58 ff.): Carsten Schröder
Bildredaktion: Sabine Kestler
Projektleitung: Anja Halveland

Satz: Lore Wildpanner
Repro: Regg Media GmbH, München
Druck und Bindung: Druckerei Theiss, St. Stefan im Lavanttal

Printed in Austria

FSC www.fsc.org MIX Papier aus verantwortungsvollen Quellen FSC® C012536

Verlagsgruppe Random House FSC® N001967